LOVIS

EGLOGVE ROYALE.

A PARIS,
De l'Imprimerie d'EDME MARTIN, ruë S. Iacques
au Soleil d'or.

M. DC. LXIII.
AVEC PRIVILEGE DV ROY.

ἦ ῥά νυ παῖδες
Ἀθανάτων τοιοίδε μετὰ θνητοῖσιν ἔασι.

LOVÏS

EGLOGVE ROYALE.

CLEON DAPHNIS.

CLEON.

DAPHNIS, il est donc vray que tes riches campagnes,
Tes humides vallons, tes vineuses montagnes,
Tes prez, tes eaux, tes bois, n'ont pû te retenir
Et n'ont pû t'empescher enfin de revenir.
Tu reviens dans Paris, d'où les soins de l'Estude,
Et l'amour d'vne douce & docte solitude,
Malgré tous mes souhaits, malgré tous mes avis,
T'avoient depuis deux ans souftrait à tes amis.

DAPHNIS.

Ouy, CLEON, vn objet de splendeur immortelle
Par vn secret Aymant à Paris me rappelle,
Et me retire enfin de ces aimables lieux
Dont le sejour parut si charmant à mes yeux ;
Quand maistre de mon temps, & maistre de moy mesme,
J'ay recherché par tout la Verité suprême,
Et me suis veû gueri des fatales fureurs,
Qu'on éprouve en suivant les communes erreurs.

A ij

CLEON.

C'eſt donc quelque beauté de mille attraits pourveuë,
Qui par vn coup du Sort s'eſt offerte à ta veuë,
Et qui d'vn trait fatal t'ayant le cœur touché
Te ramene en triomphe à ſon char attaché?

DAPHNIS.

La Beauté de tout temps a pû tout ſur mon ame,
La Beauté de tout temps a mis mon cœur en flame;
Je ne le puis nier, j'ay brûlé pour Doris,
J'ay brûlé pour Orante, & pour la jeune Iris;
Iris, de qui la voix à nulle autre pareille,
Me ravit ma franchiſe en me charmant l'oreille.
Amour m'a veû ſouvent ſon fidele ſujet;
Mais l'objet qui m'attire eſt vn plus grand objet.

CLEON.

N'eſt-ce point qu'vn deſir de fortune, ou de gloire,
Sur tes autres deſirs remportant la victoire,
Te fait haïr le calme, & laiſſer ton repos
Pour rejetter ta barque à la merci des flots?

DAPHNIS.

Ah! ce ſeroit trop cher acheter la fumée,
Qu'eſpand ſur les mortels l'aveugle Renommée,
Et quitter ſon repos pour vn ſujet ſi vain,
C'eſt quitter l'aſſeuré pour ſuivre l'incertain.

Entre tous mes souhaits nul ne me sollicite,
De posseder du nom plus que je n'en merite :
Disciple de Socrate, en son eschole appris,
Je ne veux point d'estime au delà de mon prix,
Et tiens fort malheureux celuy qui veut parestre,
Ce qu'en sa conscience il sçait bien ne pas estre.
Ne croy pas d'autre part que l'espoir des grands biens
Forge à ma liberté d'invisibles liens :
Ces avides pensers me semblent sans excuses,
En celuy qui s'attache aux mysteres des Muses,
Et l'avare Sçavant montre bien qu'Apollon,
Ne l'a jamais conduit dans le sacré vallon.
On doit aimer le Bien pour en avoir l'usage,
Pour pouvoir noblement soustenir son courage,
Pour ne dépendre point des caprices d'autruy ;
Mais il faut en l'aimant l'employer sans ennuy,
Il faut à ses moyens égaler sa despense,
Et que la verité responde à l'apparence.
Quoy-qu'il en soit, CLEON, *tu vois mal mon dessein.*

CLEON.

Dy donc quel est celuy qui t'eschauffe le sein ?

DAPHNIS.

C'est un juste desir de voir une merveille ;
De voir une Vertu desormais sans pareille,
Une Vertu celeste, & qui tesmoigne à tous,
Que les Dieux immortels songent encore à nous.

A iij

Figure toy, CLEON, l'esclat de la Naissance,
La Majesté du corps, la sublime Prudence,
Le vif amour du Bien, l'aversion du Mal,
La Bonté secourable en vn cœur tout Royal,
La clarté de l'Esprit, la grandeur du Courage ;
De ces rares talens fay l'heureux assemblage,
Juge du composé, qui s'en peut esperer,
Tel est l'objet divin que je viens admirer.
De mon charmant desert j'ay rompu les obstacles,
Pour venir de plus prés contempler ces miracles,
C'est là le seul motif qui m'amene en ces lieux.

CLEON.

Que ne nommes tu donc ce mortel glorieux?

DAPHNIS.

Te le faut-il nommer? A ces illustres marques
Ne devines tu pas le plus grand des Monarques?
Mesconnois tu ton maistre? Et tes yeux esblouïs
Ont-ils rien veû d'égal si ce n'est en LOVIS?

CLEON.

Il est vray que LOVIS en valeur admirable,
Ne voit point de mortel qui luy soit comparable;
Ce qu'est le fort Lion entre les animaux,
Le Lys entre les fleurs, l'Or entre les metaux,
Le Soleil dans les Cieux; tel est entre les Princes,
Ce Roy qui fait la gloire & l'heur de nos Provinces.

DAPHNIS.

C'eſt luy de qui le bras eſtonnant l'Vnivers,
S'eſt fait l'eſpoir des Bons, la terreur des Pervers.
Quand Mars couvroit nos champs d'eſpaiſſes funerailles,
Il parut comme vn foudre au milieu des Batailles ;
Aujourd'huy que la Paix eſteint l'ire de Mars,
De la docte Minerve il cherit les beaux arts,
Et laiſſe à diſputer au reſte de la Terre,
S'il eſt plus doux en Paix que terrible à la Guerre.

CLEON.

Luy ſeul tient le timon de l'Empire des Lys,
Il eſt noſtre Jaſon, il eſt noſtre Tiphys,
Et dans vn calme heureux maintient noſtre fortune,
Malgré les vents mutins & l'orageux Neptune.

DAPHNIS.

En vn âge où nos ſens regnent ſur nos deſirs,
L'invincible LOVIS triomphe de ſoy-meſme,
Il donne tout ſon temps aux ſoins du Diadême,
Et n'en reſerve point pour donner aux plaiſirs.

CLEON.

Ainſi pour ſouſtenir ſa naiſſance divine,
Alcide meſpriſa les molles Voluptez,
Et de Monſtres purgeant les champs & les citez,
Par d'illuſtres Travaux prouva ſon origine.

DAPHNIS.

Tremblez Ambitieux, Voisins trop remuans,
Et Vous qu'vn repentir tarde tant à resoudre ;
Si la Terre en nos jours enfante des Geans,
LOVIS porte dans ses mains dequoy les mettre en poudre.

CLEON.

Mais vous, vivez en paix, à l'ombre de sa foy,
Genereux Alliez, vivez en asseurance,
Ceux que vous redoutez, redoutent ce grand Roy,
Et voſtre Liberté ne craint point sa puiſſance.

DAPHNIS.

Il part comme vn Torrent, & son rapide cours
Surprend, eſtonne, abbat la Revolte incertaine :
Il n'appartient de vaincre avec si peu de peine,
Ou qu'au Dieu de la Guerre, ou qu'au Dieu des Amours.

CLEON.

La Moſelle & le Rhein d'vn Conquerant si brave
Deſormais sans obſtacle arroſent les Lauriers,
Et le bruit qui s'eſpand de ſes actes guerriers,
A fait desja fremir le Danube & le Drave.

DAPHNIS.

Dieux ! de quel deſeſpoir nous viſmes nous surpris ;
Quelle fut la frayeur qui glaça nos eſprits,

Quand

Quand d'vn mal impreveû la disgrace mortelle,
Menaça ses beaux jours d'vne Nuit eternelle.
Ah! s'il faut que cet Astre entre dans le Tombeau,
Que le Soleil luy-mesme esteigne son flambeau,
Ou, que l'affreux Chaos apres cette aventure,
Dans son trouble premier rejette la Nature.

CLEON.

Mais le Ciel promptement a fait voir sa bonté,
Le mal & le remede ensemble ont éclaté,
Et jamais accident n'a produit dans la France,
Apres tant de douleur tant de resjouïssance.

DAPHNIS.

Aussi qui ne le sçait? C'est à ses hauts exploits,
Qu'on doit l'esclat nouveau dont brillent les François;
La Grece aux temps passez fertile en grands exemples,
A de moindres Bienfaits eust eslevé des Temples.

CLEON.

Peux-tu donc reverer ce Prince glorieux?
Peux-tu sçavoir parler le langage des Dieux,
DAPHNIS, & t'exempter d'exprimer sur ta Lyre,
Ces grandes qualitez que tout le Monde admire?

DAPHNIS.

Ah! je l'ay desja fait, & le feray tousjours;

Ce Prince est des neuf Sœurs les plus cheres amours.
Plustost dans l'Ocean on verra plonger l'Ourse,
Et la Seine à grands flots remonter vers sa source ;
Plustost les froids Lappons, ou les nuds Indiens,
Se viendront abbreuver aux bords Numidiens ;
Plustost l'Elbe & le Pô se mesleront au Gange,
Que mon ingrate voix supprime sa loüange,
Ou que mon Luth vainqueur des outrages du Temps,
A ce juste devoir prefere d'autres chants.

CLEON.

Je sçay bien qu'autrefois, quand son ardent Courage
Alloit battre les Murs du Belgique rivage,
Tu predis sa victoire, & certain de tes vers,
Annonças son Triomphe au bout de l'Vnivers ;
Et mesme en son Palais, ce merveilleux Genie
D'vne oreille attentive ouït ton harmonie.
Je sçay bien que depuis, sous le nom de Cyrus,
Ta Muse encor vn coup parla de ses vertus,
Quand pour rendre vn tribut qu'on doit à sa Couronne,
Tu volas de Paris aux bords de la Garonne,
Où par vn doux espoir & la Paix & l'Amour
Attiroient à l'envi nostre pompeuse Cour.
Et c'est là que charmé de ta douce franchise,
De ta facile humeur, de ta doctrine exquise,
Je taschay d'acquerir quelque place en ton cœur,
Et que d'vn bien si doux tu me fis possesseur.

DAPHNIS.

Ton amitié, CLEON, m'est d'vn tel avantage,
Que je la dois nommer le fruit de ce voyage,

CLEON.

Ah! souvien-toy, DAPHNIS, avec quelle bonté
IVLE, le fameux IVLE, en ces lieux t'a traitté.
Ce sage Cardinal, dont l'ame souveraine
Adjousta tant d'éclat à la Pourpre Romaine,
Et qui pour juste prix de ses faits glorieux,
Est assis maintenant à la Table des Dieux.
Quoy qu'alors accablé des soins du Ministere,
Il ne te receût point avec vn front severe;
Mais descendit à toy d'vn visage si doux,
Que le moins envieux en eust esté jaloux.
Il receût ton Present avec mille caresses,
Sa Bouche en ce moment te dit mille tendresses,
Et poußant jusqu'au bout ces honneurs inoüis,
Luy-mesme il te voulut presenter à LOVIS.
LOVIS, qui t'asseura que ce grand Personnage
L'avoit entretenu de toy, de ton Ouvrage.
Heureux, que de ton Nom IVLE ait pris quelque soin!
Plus heureux que ton Prince en ait esté tesmoin!

DAPHNIS.

Il le faut avoüer, vn tel exces de gloire,
Tousjours avec plaisir revient en ma Memoire;

Mais il n'y revient point qu'vne juſte Douleur
Ne ramene avec luy l'objet de mon malheur.
IVLE par ces bontez m'avoit l'ame ravie,
Il entraiſnoit ma joye attachée à ſa vie,
Et ne le voyant plus, je ne puis y ſonger,
Que ce reſſouvenir n'ait droit de m'affliger.
Meſme, je te diray, que ma douleur ſecrette,
M'avoit fait en partie agréer la retraitte;
Plus je conſiderois ce que j'avois perdu,
Plus l'eſpoir deſormais me ſembloit deffendu.
Mais le Ciel rend enfin ma Défiance vaine,
Il me rend vn AVGVSTE en m'oſtant vn MECENE,
LOVIS eſt des Sçavans l'ineſbranlable appuy,
Et je dois maintenant tout eſperer de luy.
Qu'ay-je dit, eſperer? ah! ſa Magnificence
Paſſe desja mes vœux, paſſe mon Eſperance,
Me jette dans le trouble, & me cauſe vn tranſport,
Qui demande à ma voix quelque nouvel effort.
Mais en vain je m'efforce; Et bien que ce Monarque,
De ſes riches faveurs me donne vne ample marque,
Mon Zele n'en ſçauroit devenir plus conſtant,
Ni mon Chant pour ſa gloire eſtre plus eſclatant.
Ce Bienfait ne peut rien adjouſter à la flame,
Dont j'ay brûlé pour luy dans le fond de mon ame,
Des le premier moment que le Sort bienheureux,
Me permit d'approcher ce Prince genereux.
Je le veux donc chanter, non, parce qu'il me donne,
Mais, parce qu'avec gloire il ſouſtient ſa Couronne,

Parce que de Justice il est environné,
Parce que de Sagesse il a le front orné,
Et qu'à son haut Pouvoir joignant la Temperance,
Il regne par Merite autant que par Naissance.
Imite moy, CLEON, *join ta voix à ma voix,*
Pour celebrer le nom du plus parfait des Rois;
Pour benir le bonheur que le Ciel nous envoye.
Mais ô Dieux! ô CLEON *! quelle seroit ma joye,*
Si nous pouvions mesler dans nos charmans accords,
Celuy qui pour LOVIS *fait de si grands efforts;*
Sa haute Probité peut passer pour merveille,
Sa Moderation n'eut jamais de pareille,
Aux desirs de son Roy ses vœux sont compassez,
C'est le choix du grand IVLE, *& c'est en dire assez.*
Commence donc, CLEON, *& sur vn Ton sublime,*
Chante du grand LOVIS *la Bonté magnanime.*

CLEON.

Tes discours pleins d'ardeur ont eschauffé mes sens,
Je ne puis resister au feu que je ressens,
Je veux rendre avec toy mon zele remarquable,
Je veux dire avec toy ce Monarque adorable;
Que l'Vnivers l'entende, & que tous les Mortels,
Aux Vertus de LOVIS *consacrent des Autels.*

CHARPENTIER
de l'Academie Françoise.

—————*Iam regnat Apollo.*

Virgil. Ecl. iv.

DE IMAGINE SOLIS

IN SYMBOLO
REGIS LODOICI XIV.

PHoebvs inexhaufta dum luftrat lampade Mundum,
    Seque videt, fimilem non putat effe fibi.
Pace tua liceat fari, Pulcherrime Divûm,
    Errafti, Gallis Sol novus exoritur.
Tu Cælo affixus dum volveris, omnia cernis;
    Hic Terris degens, omnia & ipfe videt.
Sit tibi ftellantem Genitor qui torquet Olympum;
    Huic Divus Pater eft, huic quoque Diva Parens.
Tu Radiis Terræ gremium vitalibus imples;
    Hic placido fulgens lumine cuncta fovet.
At te lædit Hyems, te lædit Aquarius imbre,
    Te mæftam cogunt Nubila ferre facem.
Ille Hyemes, hoftemve Vrnam, nec Nubila novit,
    Ille facit lætos femper adeffe dies.

IN DVNKERKAM.

Dvnkerkam ingreditur sine cæde & sanguine Gallus,
   Nec sunt indignis mœnia capta dolis.
Arte nova Lodoix vicinis eripit Arces,
   Quodque fuit Belli fit modò Pacis opus.

DE SVMMA
CELERITATE REGIS
IN PACANDA LOTHARINGIA

menf. Aug. 1663.

It, vincit Lodoix, celeres prætervolat auras,
   Non aliter Superi vincere & ire folent.